gray is gray

오늘 쓰다

전혜빈 에세이

그렇지

비워야 또 채우지.

gray is gray
오늘 쓰다

gray is gray

오늘 쓰다

전혜빈 에세이

시작하며

어떤 글은 힘이 되고
어떤 글은 위로가 되고
어떤 글은 안도가 되기도 했다.

이 그늘이 누군가에게는
쉼이 되기를

기록하다.
쓰다.
중의적인 의미를 담고 있는
오늘 쓰다.

contents

· 오래가는 009 · 나 그리기 010 · 좋은 시선 012 · 그 순간 014 · 서로의 길 015 · 선물 = 마음 016 · 고요 018 · 새벽을 공부하다 023 · 온전한 나만의 생각 알기 025 · 아무것도 안 하기 026 · 그냥, 그러기로 했다 027 · 기준선 잡아 놓기 028 · 감정의 기준선 030 · 조용한 고백 033 · 침묵(沈默)과 나아감 034 · 타이밍 035 · 이 모든 것의 합은 곧 037 · 이치 038 · 어른이 되어 간다 040 · 귀중한 시간 041 · 비움 043 · 그렇지 044 · 나의 의미 046 · 사유의 깊이 047 · 감정 들여다보기 048 · 무게와 균형 049 · 잠시나마 느슨하게 050 · 읽혀지지 않은 페이지 055 · 나직하게 056 · 결코 057 · 가끔은 058 · 도착(倒錯): 뒤바뀌어 거꾸로 됨 059 · 오묘하고도 미묘한 060 · 감정 들여다보기 II 062 · 퍼즐 063 · 부메랑 064 ·

양가감정 065 · 인생 그 복잡함에 대하여 066 · 단어로만 존재하는 단어 067 · 다만 기한(期限)이 다 됐을 뿐 068 · 이미 어긋난 지금 이 관계를 069 · 작별이 적절한 시기 070 · 오늘 같은 날엔 071 · 호수 072 · 모순의 궤도 073 · 검은색과 하얀색 075 · 무의식의 주인공 078 · 컵으로 말하는 운명 079 · 아직 차례가 아니라서 080 · 쉼터 081 · 달 082 · 기억의 온기 084 · 그저 그 정도로만 086 · 슬픔의 향기 088 · 타인의 것 089 · 아닌 건 아닌 거다 090 · 실험 결과 091 · 숨 고르기 092 · 그런 때 094 · 이제 보내 주기 096 · 공허함도 살아야지 100 · 생각에 빠지면 102 · 후회 없는 하루의 끝 103 · 기분이 밤 104 · 낮과 밤의 존재 105 · 끝맺음에 대하여 106 · 오늘의 긍정 확언 108

오래가는

좋은 잔향이 남는 그런 글.

나 그리기

나를 가장 이상적으로 그리는 것이
곧 삶이다.
라고 생각했다.
삶은 나를 그리는 일이구나.

gray is gray

좋은 시선

좋은 시선으로 바라보기
좋은 점에 초점 두기

시간이 흐르면
그 점들이 곧 내가 된다.

— 오늘 한 번 해 볼까요?

그 순간

보이는 하나하나
들리는 하나하나
느끼는 모든 것들이 소중해
온전히 간직하고 싶은 그 순간

이것은 사랑일 수도
사람일 수도
배움이 될 수도

서로의 길

소중한 순간을 함께 이어 가는 것.

선물 = 마음

선물 받는 것
직접 사는 것
그 차이가 상당하다.

마음이 함께 오기 때문일까.

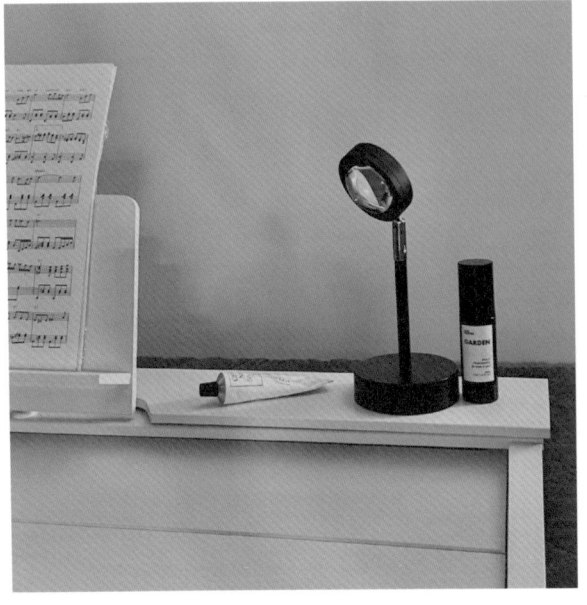

gray is gray

<u>고요</u>

어느 순간 좋아진 이 고요를
무언가로 채우려 했던 지난날들

고요 속 공간을 채우던
음악 내지는 대화
그것들의 여운이 지금의 고요 속에 있고
그래서 이 고요를 사랑하고.

gray is gray

gray is gray

오늘 쓰다

새벽을 공부하다

새벽 공부라고 하기로 했다.
지금 깨어 있는 이 시간을

나를 사랑하는 몇 가지 방법

온전한 나만의 생각 알기

어떤 일이 생겼을 때,
남들과 그 일을 의논하기 전
남의 생각을 섞지 않고
오로지 나만의 생각을
먼저 해 보는 것.

나를 사랑하는 몇 가지 방법, 첫 번째

아무것도 안 하기

가장 중요시하는 부분
가끔 정말, 말 그대로 아무것도 하지 않는,
멍하니 누워서 멍-하고 있기.

나를 사랑하는 몇 가지 방법, 두 번째

그냥, 그러기로 했다

돌아오는 질문이 없다면 질문하지 않기.
질문을 했는데, 되돌아오는 질문이 없다는 것은
관심이 없다는 것(이라고 생각하기에)
그냥, 그러기로 했다.

나를 사랑하는 몇 가지 방법, 세 번째

기준선 잡아 놓기

사람과 사람 사이,
공적인 부분에,
확고한 기준선 잡아 놓기

사람과 사람 사이,
내 관점에서 아니라고 생각하는 부분을
아무렇지도 않게 여러 번 행하는 사람과는
거리를 두는 것.

공적인 부분,
나에 대해 어디까지 오픈할지
조금은 미리 생각해 두는 것.

- 나만의 기준선이 있나요?

나를 사랑하는 몇 가지 방법, 네 번째

gray is gray

028 · 029

감정의 기준선

감정에는 기준선이 있을 수 없다.
'내 생각에는 전혀 기분 나쁘지 않을 것 같은데,
왜 저 사람은 기분이 나쁘다고 할까.'라는 생각은
존재할 필요가 없다.

감정에 대해선
부정이 아니라 인정만이 필요할 뿐
감정에는 기준이 존재하지 않기에.

조용한 고백

요란하고 싶지 않고
소란하고 싶지도 않고
그저 잔잔하고 싶다.

침묵(沈默)과 나아감

때로는 침묵이 더 이끌어 줄 때도 있지.

타이밍

진정한 타이밍은
기회나 인연에 있는 것보다
미안한 마음과 고마운 마음을 전할 때
존재한다고 생각한다.

최대한 빠르게, 물론 진심을 다해.

이 모든 것의 합은 곧

대화의 장소를 중요하게 생각한다.
시끌벅적한 소음 가득한 곳에서의 대화와
조용한 강을 보며 나누는 대화

같은 사람과의 같은 대화여도
그 다름이 크다고 생각한다.

이 모든 걸 뭉뚱그려 타이밍이라고 하나 보다.
시간
장소
날씨
이 모든 것의 합은 곧 타이밍.

이치

타이밍이 맞지 않는 건,

결국 인연이 아닌 걸 알게 되는 순간.

gray is gray

어른이 되어 간다

애어른은 감정을 숨길 줄 만 알고,
어른 아이는 감정을 돌보는 법을 모른다.

시간이 흐를수록
감정을 다루는 법을
조금씩 배워 간다.

조금씩, 그렇게 어른이 되어 간다.

귀중한 시간

무의식에 지배된 듯한
무게에 짓눌리는 듯한
깊이를 가늠할 수 없는 늪에 빠진 듯한

이 시간은 온전한 나
가장 솔직한 나로 만들어 주어
진짜 모습과 마주하는 기분마저 든다.

상황, 기분
온전히 나에게만 집중하게 되는
나를 들여다보는 귀중한 시간

- 지금 느끼는 감정은 무엇인가요?

비움

어찌 보면 매일 꾸준히
해 주어야 할 일상의 방도.

그렇지

비워야 또 채우지.

gray is gray

나의 의미

나의 의미를 다른 사람의 시선에서,
다른 사람의 말에서 찾지 않을 것.
온전히 나의 마음의 소리에 귀 기울여
나의 마음이 움직이는 곳에 시선이 닿을 것.

사유의 깊이

시간보다는 농도에
초점을 맞추어 가다 보면.

감정 들여다보기

지금의 감정이 무엇인지
아는 것만으로도 충분하다.

- 지금의 감정은 어떠한가요?

무게와 균형

일정이 바빠야 살아 있는 느낌이 드는 반면
마음 한쪽은 그 일정의 무게만큼이나 무겁다.

적절함을 찾으려 노력하는 요즘
바쁨 속에서 나를 잃지 않고,
고요함 속에서 흐름 잃지 않기.

나에게 맞는 무게를 찾아서
균형 잡기.

잠시나마 느슨하게

생각이 많아
생각에 에너지를 몽땅 빼앗길 때에는
조금은 느슨하게.

- 잠시만 느슨해져보는 거 어때요?

gray is gray

오늘 쓰다

읽혀지지 않은 페이지

타인의 어느 한 부분만 보고 판단하는 것을
그리 좋아하지 않는다.
나의 한 부분만 보고 판단되는 것도
그리 유쾌한 일은 아니다.

나직하게

깊게 들어갈수록 무거워져
마음도, 생각도

깊게 한 번에 들어가지 말고
나직하게 여러 번 들어가는 게
맞을지도 몰라.

결코

자기가 자리해 보지 않은 자리는
모르는 법이니까.

가끔은

참아야 좋을 때도 있지만,
가끔은 터뜨려야 할 때도 있다.

감정.
참고 또 참고
꾹꾹 눌러 담기보다는,

가끔은
터놓아야 가벼워진다.

도착(倒錯): 뒤바뀌어 거꾸로 됨

어느 하나의 행동이
그리고 단 한 마디의 말이
좋았던 시간을 뒤엎기도 하고
반대로 선입견을 없애기도 한다.

- 떠오르는 기억이 있나요?

오묘하고도 미묘한

나를 드러내고 싶다가도 한없이 감추고 싶고
나를 알아줬으면 싶다가도 몰랐으면 하는 마음

무언가 하고 싶다가도 막상 하려니 하기 싫어지는
알 수 없는 마음의 오묘하고도 미묘한.

- 당신은 어떠한가요?

gray is gray

감정 들여다보기 II

시간이 흐를수록
감정 앞에 가면을 쓰게 됨을 발견

가면 안의 감정을
보살필 줄 아는 이가 되길.

퍼즐

생각의 조각이 빠르게 완성
역시나 예상했던 그림

퍼즐을 맞추는 동안 쌓인
눈의 피로와 머리 아픔
그럼에도 퍼즐의 완성을
후회하지 않는다.
그저 후련할 뿐.

- 예상했던 일들이 맞는 순간 어떤 감정이었나요?

부메랑

퍼즐은 맞추면 끝이지만
부메랑은 돌아온다.

결국 돌아온다는 것.
남에게 해를 입힐 수 있으며,
나조차도 다칠 수 있으므로
마음 내키는 대로 해선 안 되는 것.

양가감정

순간의 감정 상태를
그대로 드러내지 않으려 한다.
다른 이들이 단번에 나를 읽는 것보다
서서히 전해지는 것이 좋다.

이렇게 말하면서도
누군가는 나의 감정을 빠르게
읽어 줬으면 좋겠는 마음.

인생 그 복잡함에 대하여

발끝을 쳐다보면 많은 것들이 보이지 않는다.
고개를 들어 멀리 내다본다.
아까는 보이는 것들이 없어서인지
아무 생각도 들지 않았는데,
이내 많은 생각이 날아온다.

단어로만 존재하는 단어

영원할 줄 알았던 관계는
영원하지 않았다.

영원이라는 단어는
단지 단어로만 존재하는 것이 아닐까.

다만 기한(期限)이 다 됐을 뿐

그 시절
이유도 모른 채 연이 끊어진
인연들.

이미 어긋난 지금 이 관계를

기억에서 지우지 않고 기억하되,
얽매이지 않기.
좋았던 감정, 느낌은 고스란히 느끼기.
다만, 좋지 않던 기억을 애써 부정하지 말 것

자연스레
기어이
겸허히 받아들이기.

작별이 적절한 시기

이미 멈춰 버린 시간 속으로
걸어가는 걸음에 숨이 가쁠 때.

오늘 같은 날엔

잘 살아왔다고 생각했는데
오늘은 왜인지 마음 나눌 사람이 없다.

지금 내가 하고 있는 생각
그리고 느껴지는 감정
몸 안으로 점점 가라앉아서
빼내고 싶은데

오늘 같은 날엔
유독 더 혼자인 기분이다.

- 오늘 같은 날,
나에게 가장 따뜻한 위로는 무엇일까요?

호수

오늘의 나는 호수 같다.
나무에서 나뭇잎 하나만 살포시 떨어져도
요동치는,
요동칠 수밖에 없는 그런 날이다.

모순의 궤도

단순하다 싶다가도 이내 복잡해지고
무심하다 다시 보니 세심했던 것.
관계
인간
생각
돌고 돌아 결국 다시 반복
끝이 없다.

검은색과 하얀색

그런 날이 있다.
세상이 검은색으로만 느껴지는,
그런 날이 오늘이다.

삶은, 시간은
흘러가는 걸까, 만들어 가는 걸까.
이 기분은
자연스러운 걸까, 유별난 걸까.
온통 암흑으로 느껴지니 집중할 곳은 오로지 나뿐이다.

무언가 또렷이 보고 싶은데, 보이지 않고,
주위엔 아무도 없는 것처럼 느껴진다.
이왕이면 이 마음을 '하얀색'이라고 칭할까.
그러면 조금이라도 밝게 느껴질까.

gray is gray

오늘 쓰다

무의식의 주인공

어떠한 공격에도 살고 마는
주인공처럼
그럼에도 불구하고
언제나 살아나는구나.

이제는 다 잊었다
정말로 끝이다 생각했는데
그럼에도 이 밤
또 한 번 나타나 나를 뒤흔드는구나.

컵으로 말하는 운명

감정이 메말라 한 방울도 떨어지지 않을 때까지
마음을 쏟아 보려 한다.

내 마음이 컵이라면,
빈 잔이 될 때까지,

그러나 누군가 또 물을 따라 준다면,
이것이 몇 번이고 반복된다면
이건 곧 우리가 말하는 '운명'이 아닐까.

감정이 메마를 때까지 쏟아 보려 한다.

아직 차례가 아니라서

이번에 온 기회를 잡으려고
후회 없을 정도의 노력을 부었음에도
잡히지 않은 건,
아직 내 차례가 아니라서

이번보다 다음이 훨씬 더 좋으려고.

쉼터

"지금처럼 어떤 자리에 있어도
멋지고 에너지 넘치는 사람이 되길.
앞으로도 조용히, 묵묵히 있을게.
언제든지 쉬었다 가."라고 말하는

달

그날 밤, 하늘에 동그라미 하나가
빛이 났다.
모든 아름다움을 모아 놓은 듯
빛이 났다.

그날 밤 이후로 동그라미만
기다리게 되었다.

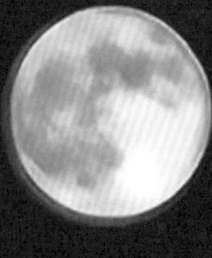

gray is gray

기억의 온기

그리움에,
보고 싶음에,
더는 볼 수 없음에,
소중했던 시간의 끝은
슬픔으로 물들었다.

함께한 수많은 기억은
내가 무너질 때,
하루가 한숨으로 가득할 때,
나를 일으켜 주는 힘이었다는 걸
깨달았다.

생각만으로도
존재만으로도
힘이 되고
위로가 되는
그 무언의 존재였음을.

- 그리움 속에서,
어쩔겠지만 미소 한 번 지어보는 건 어때요?

그래서 이날부터
보고 싶을 때마다
생각날 때마다
미소 짓기로 했다.

그저 그 정도로만

나쁜 것,
슬프게 하는 것,
힘들게 하는 것,
실망스러운 것들이 있다면
큰 상처 없이 그저 스쳐 지나가는
감기 정도로만 왔다 가길.

gray is gray

슬픔의 향기

슬픔에도 향기가 있을까.
그 향기는 불호이길 바란다.
다시 맡고 싶지 않은 향이길 바란다.

타인의 것

타인의 시선
타인의 한 마디
말 그대로 나의 것이 아닌
타인의 것.

아닌 건 아닌 거다

두 번 생각해 봐도

세 번 생각해 봐도

그 이후 여러 차례마저 아닌 건 아닌 거다.

실험 결과

문득 떠오른 생각에 멈칫,
이후 또다시 멈칫했다면

그 말은 그냥 생각으로 둘 것.
나 아닌 누구에게도 전하지 말 것.

숨 고르기

오늘은 가고 내일이 온다.
그러므로 오늘의 나는 여기에서 보내 주고
내일의 나를 기다리자.

지금 기분은 지금의 기분일 뿐이고
그냥 그런가 보다, 하고 벗어나면 된다.

말은 쉽지만 사실 어려운 일이다.
가만히 있기에도 어려운 오늘
머릿속과 마음이 온통 회색빛 먹구름이 낀 느낌

이럴 땐 눈 감고
심호흡 한 번 하고
잠을 청해 본다.

— 잠시 눈감고 심호흡 한 번 해보는 건 어떨까요?

그런 때

힘든 일이 없는데 힘이 빠지고
좋은 일이 많아도 무덤덤한 때,

잘 가고 있다고 생각했는데
어느샌가
느낌표는 사라지고
계속해서 물음표가 던져질 때,

확신이 있었기에 힘이 한껏 들어간 모습에서
기운이 빠지면서 어깨에 힘이 빠진 모습.

오히려 가벼워졌다고 생각해 본다.
무거운 생각은 잠시 내려놓기로.

gray is gray

이제 보내 주기

마음이 편치 않은 밤.
이미 일어난 일들과
이미 흘려버린 말들로 인해
후회가 가득한 밤.

그때의 나,
당시의 나는,
내 선택이 남길 흔적을 알지 못했기에
이제 마음속에서 조금씩 보내 주자.

다만 잘못이라고 여겨지는 순간은
조용히 새겨 두었다가,
다시 반복하지 않으면 된다.

gray is gray

오늘 쓰다

공허함도 살아야지

공허한 기분
수많은 감정 중 하나

오늘 이 감정이 왔어도,
곧 떠날 것이니,
이에 너무 많은 것을 내어주지 않기
그저 왔다 가는 수많은 감정 중
하나일 뿐이니

- 잠시 스쳐가는 감정이라
  믿어보는 건 어떨까요?

생각에 빠지면

생각에 빠지면 끝이 없다.
시작을 인지한 순간 잠시 멈춰 보기.

그 순간은 아주 잠깐이지만
너무 깊은 곳으로 빠져들지 않게 해 준다.

깊은 심호흡 한 번
생각을 환기시키기

다 괜찮다.
아무도 해치지 않고
혼자가 아니다.
그러니 걱정 말고 잠에 들어도 좋다.
평온한 마음으로

후회 없는 하루의 끝

잘하고 있는 건,
좋은 감정의 상태로 잠이 드는 것.
더 노력해야 할 건,
순간적인 감정에 모든 에너지를 쏟아 내지 않는 것.

그 순간, 그 찰나로 인해
그 이후, 긴 시간을 후회의 시간으로 쓰지 않기 위해.

기분이 밤

지금 기분이 밤이라면,
금세 밝은 아침이 올 테니.

낮과 밤의 존재

낮과 밤의 존재에 감사한다.
어두운 밤이 지나고 나면
어김없이 뜨는 밝은 해.
오늘은 어제가 아니다.

다시 해 보자.

끝맺음에 대하여

처음과 시작.
너무나도 중요하지만, 그보다 더
중시하는 것이 있다.
'좋은 끝맺음.'

더 이상 끝맺음 앞에 '좋은'이라는 단어를
붙이려 애쓰지 않기로 했다.
끝맺음. (어떤 일이나 글의 끝을 마무리하는 일)
이미, 멋진 단어이지 않은가.

gray is gray

전혜빈의 긍정 확언

1. 내 하루는 웃음으로, 기쁨으로 가득하다.

2. 나는 매일 새로운 기회를 만난다.

3. 건강이 나에게 있다.

4. 나는 늘 새로운 질문을 던지고 답을 찾아간다.

5. 나는 내가 원하는 삶을 산다.

6. 나의 재능은 삶에 풍요를 더한다.

7. 전 세계에 나의 책이 있다.

8. 내 주위에는 나에게 좋은 사람들만 있다.

9. 나는 사랑을 주고, 또 사랑을 받는다.

10. 내 삶은 언제나 다채롭게 빛난다.

_____ 의 긍정 확언

1.

2.

3.

4.

5.

6.

글을 쓴다는 건 내 마음을 공부하는 것

gray is gray
오늘 쓰다

1판 1쇄 발행 2025년 11월 11일
지은이 전혜빈

교정 주현강　**편집** 이승빈　**마케팅·지원** 이창민
펴낸곳 (주)하움출판사　**펴낸이** 문현광

이메일 haum1000@naver.com　**홈페이지** haum.kr
블로그 blog.naver.com/haum1000　**인스타** @haum1007

ISBN 979-11-7374-193-7 (03810)

좋은 책을 만들겠습니다.
하움출판사는 독자 여러분의 의견에 항상 귀 기울이고 있습니다.
파본은 구입처에서 교환해 드립니다.

이 책은 저작권법에 따라 보호받는 저작물이므로 무단전재와 무단복제를 금지하며,
이 책 내용의 전부 또는 일부를 이용하려면 반드시 저작권자의 서면동의를 받아야 합니다.